DES

GREFFIERS-NOTAIRES

EN ALGÉRIE

DES

GREFFIERS-NOTAIRES

EN ALGÉRIE

DES

GREFFIERS-NOTAIRES

EN ALGÉRIE

DES
GREFFIERS-NOTAIRES
EN ALGÉRIE

Le décret du 18 janvier 1875 instituant des greffiers-notaires en Algérie, correspond, on ne saurait le nier, à d'impérieuses nécessités locales.

Mais il a été peu étudié et pris sans communication préalable aux corps et corporations judiciaires.

Le système des décrets, substitués aux lois en Algérie, a l'inconvénient de favoriser les coups de législation à l'improviste : hâtivement rédigés, ces textes, à peine en vigueur, ne tiennent plus debout et il faut les étayer. au plus tôt, de dispositions nouvelles souvent aussi peu pratiques. (1)

Le décret du 18 janvier 1875, objet de cette étude, ne paraît pas avoir échappé aux conséquences inhérentes à ce mode hâtif de légiférer et nous semble appeler d'indispensables modifications.

Mais, avant de l'examiner, il est nécessaire de revoir sommairement les origines et l'organisation du notariat algérien

---

(1) On ne saurait en citer un exemple plus frappant que le régime de concessions de terres, réglé par le décret du 16 octobre 1871, modifié pa celui du 10 octobre 1872, puis par celui du 15 juillet 1874, remplacé dernièrement par celui du 30 septembre 1878 qui, déjà l'objet de vives critiques, ne saurait tarder, lui-même, à être réformé.

Encore ne s'agit-il pas d'une matière nouvelle, les concessions datant du début de la conquête, mais d'un nouveau système de concession, inauguré en 1871 après plusieurs autres.

Au lendemain de la prise d'Alger, l'interprète chancelier du Consulat général de France en cette ville, qui, sous le gouvernement turc, retenait les conventions de ses nationaux, continua ses fonctions au moins pour la réception des actes, avec l'assentiment tacite et, en tous cas, sous les yeux du Général commandant en chef, seule autorité du pays.

Les cadis, comme aujourd'hui encore, et les rabbins, dont la juridiction fut supprimée peu d'années après, continuèrent, de leur côté, à dresser les conventions les uns, des musulmans, les autres, des israélites.

L'interprète chancelier du Consulat, était-il seul à dresser les actes entre européens, et avait-il été expressément autorisé à le faire ? il est permis d'en douter.

On voit, en effet, le Général en chef de l'armée d'occupation, d'abord par son arrêté du 21 juin 1831, défendre aux cadis de passer les actes d'acquisition d'immeuble.

Puis, par son arrêté du 11 juillet 1831, sans viser spécialement le chancelier ni le dénommer, prescrire « aux cadis maure et turc, et *à tous les agents actuellement préposés à la réception des actes de mutation de propriété*, ou qui le seraient à l'avenir » l'enregistrement de ces actes et le dépôt mensuel d'un état sommaire à la direction des Domaines.

Le Ministre des Affaires étrangères, par arrêté du 21 mai 1831, ayant supprimé le Consulat général de France, à Alger, désormais inutile sur une terre devenue française, le Général en chef prit, lui-même, sous la date du 5 août 1831, un arrêté par lequel, considérant que cette suppression prive les Francais résidant à Alger du notariat dont les attributions étaient remplies par l'interprète chancelier de ce Consulat, il dispose :

« *Jean-Pierre Martin, interprète-chancelier, qui n'a pas encore reçu de destination ultérieure du Ministère des affaires étrangères, continuera à remplir les fonctions de la chancellerie relatives au notariat.* »

L'intendant militaire de l'armée fut chargé de l'exécution de cet arrêté ; c'est, en effet, ce fonctionnaire auquel le Général en chef délégua, au début de la conquête, l'administration civile ou ce qui en tenait lieu alors.

Peu après, un fonctionnaire civil, sous le nom d'intendant civil, fût adjoint au Général en chef.

Le 13 mars 1832, le premier de ces intendants civils (baron Pichon), *considérant qu'il n'existe à Alger qu'un seul notaire qui ne suffit plus aux besoins publics*, nomme un juge suppléant du Tribunal d'Alger, notaire à Alger.

Ce seul notaire était l'ancien chancelier du Consulat qui, jusque-là, ne se considérait que comme chancelier et jouissait d'un traitement fixe de 4,000 fr., alloué par arrêté du Général en chef, du 17 août 1831.

A la suite de l'arrêté de l'intendant civil qui le visait comme *notaire*, il en prit le titre et l'a conservé, sans autre institution, croyons-nous, jusqu'en 1856, date de sa démission.

Le premier acte où il se qualifia de notaire, est du 12 juillet 1832.

Dans l'état des différentes professions exercées par les européens en Algérie, et des divers actes passés dans le même pays au 1er janvier 1834, dressé par les soins de M. Genty de Bussy, deuxième intendant civil à Alger (1), on voit figurer quatre notaires, deux à Alger, un à Oran, un à Bône.

Les deux notaires d'Alger étaient, évidemment, l'ancien chancelier du Consulat et le notaire nommé par l'intendant civil le 13 mars 1832.

Nous n'avons pas trouvé trace de la nomination de celui d'Oran.

Le notaire de Bône avait été nommé, le croira-t-on, par le sous-intendant militaire de cette ville (2).

D'autres notaires furent successivement institués à Alger et en d'autres villes, à fur et mesure de la conquête et de l'augmentation de la population, par arrêtés émanant, soit du Gé-

---

(1) *Etablissement des Français dans la Régence d'Alger* (première édition), Paris, Firmin Didot, 1835.

(2) Rappelons pour expliquer, s'il est possible, cette nomination, que le Général en chef avait, en 1830, délégué les pouvoirs civils à l'intendant militaire.

Nous verrons plus loin que la Cour de cassation n'a pas admis la compétence du sous-intendant militaire en cette matière.

néral en chef, soit de l'intendant civil, soit enfin, à partir de 1834, du Ministre de la guerre ; deux d'entr'eux, cependant, par ordonnance royale du 29 décembre 1838.

L'arrêté ministériel du 30 décembre 1842 confia ce soin au Ministre de la guerre.

Enfin, revenant aux vrais principes, le décret du Pouvoir exécutif, du 20 août 1848, réserva cette prérogative au Chef de l'Etat, duquel émanèrent invariablement, depuis lors, les nominations de notaire.

On peut s'étonner, au premier abord, des incertitudes et des irrégularités qui caractérisèrent les premières années de la conquête et dont l'histoire du notariat vient de nous fournir un exemple, mais on se les explique en réfléchissant qu'à l'origine le Gouvernement français n'avait pas l'intention bien arrêtée de conserver l'Algérie et, qu'à la première heure, *on ne faisait, en Algérie, législativement et légalement, que ce qu'on pouvait* (1).

Les actes des notaires institués par le Général en chef, l'Intendant civil et le Ministre de la guerre, n'ont jamais été, que nous sachions, attaqués pour incompétence des fonctionnaires qui les avaient nommés.

Ceux de l'ex-chancelier interprète du Consulat, exécutés de longues années sans difficultés, se virent cependant critiqués, mais la Cour d'Alger par son arrêt du 22 novembre 1869, se basant sur diverses considérations, et notamment sur l'adage *error communis facit jus*, valida un acte reçu par ce fonctionnaire le 25 juin 1831, c'est-à-dire, avant l'arrêté d'autorisation du Général en chef.

Moins heureux fut le notaire de Bône, de la création du sous-intendant militaire, et un arrêt de la Cour de cassation du 9 mai 1842, refusa toute valeur à ses actes. La nomination des notaires étant, dit l'arrêt, une attribution de la royauté, et, l'autorité militaire en l'absence de délégation spéciale n'ayant, quant à ce, aucune compétence.

On ne peut pas s'étonner assurément de cette solution, et ce-

---

(1) Genty de Bussy, ouvrage déjà cité.

pendant si on doit en appliquer rigoureusement les déductions que valent les nominations faites par le Général en chef, l'Intendant civil ou le Ministre de la guerre ? Elles n'ont cependant jamais été critiquées.

Nous venons de voir quelles hésitations et quelles irrégularités se produisirent à l'origine pour les nominations de notaires en Algérie.

Il en était de même au sujet de leurs devoirs et de leurs attributions.

Tout d'abord, en l'absence de dispositions nouvelles, l'ancien chancelier du Consulat, continuant les errements de ses fonctions, se conformait aux règlements qui régissaient sa chancellerie (1).

Les arrêtés soit du Général en chef, soit de l'Intendant civil des 21 juin 1831, 11 juillet 1831, 17 septembre 1831, 20 décembre 1831, 16 février 1832, 25 février 1832, 6 avril 1832, 7 mai 1832, 28 mai 1832 et 8 juillet 1832, n'ont trait qu'a l'enregistrement, la légalisation et aux formalités de greffe, suppléant aux registres hypothécaires.

Celui du 14 août 1832 réserve à l'intendant civil le droit de désigner, comme alors en France, ceux des notaires chargés du soin de délivrer les certificats de vie aux pensionnaires de l'État.

A part les formalités de greffe, tenant lieu de bureau d'hypothèques, il ne s'agit, jusqu'ici, on le voit, que de détails insignifiants ou de perceptions fiscales.

Le soin de réglementer la profession et de déterminer les conditions d'admission, fût confié au Gouverneur général par l'ordonnance royale du 10 août 1834 et, au Ministre de la guerre, par celle du 21 février 1841, mais il n'apparaît pas qu'aucun d'eux ait usé de ce droit.

---

(1) Ordonnance royale sur la Marine, du mois d'août 1681.
Édit de juin 1778 réglementant les fonctions judiciaires et de police des Consuls en pays étrangers.
Ordonnance royale du 3 mars 1781, concernant les registres de l'état civil, contrats de mariage, donations et testaments dans les échelles du Levant et la Barbarie.
Arrêté du grand conseil à même date portant tarif.

La plupart des notaires algériens, sans s'y conformer toujours bien rigoureusement, se réglèrent sur les lois organiques du notariat français.

Il a bien été jugé qu'il devait en être ainsi, mais fort longtemps après (1) et il est très certain que pendant les onze premières années de notre domination, il régna en fait et en droit une grande incertitude. C'est ce qu'on peut appeler les temps héroïque du notariat algérien.

L'ordonnance royale du 19 octobre 1841 assujettit les notaires, sous diverses modifications, aux lois, décrets et ordonnances de la métropole, notamment en matière d'enregistrement, d'hypothèque, de répertoire, et de rédaction matérielle des actes.

Elle manquait de précision et de clarté sur bien des points.

On reconnut enfin la nécessité de formuler des règles positives et complètes en tenant compte des exigences locales et, le Ministre de ls guerre, auquel ce soin avait été dévolu par l'ordonnance royale du 28 février 1841 et une autre du 26 septembre 1842 y pourvut par son arrêté du 30 décembre 1842, qui régit encoré aujourd'hui le notariat d'Algérie (2).

Cet arrêté reproduit une partie des dispositions de la loi du 25 ventôse, an XI, dont il s'inspire, mais en y apportant de nombreuses additions et modifications.

Quelques unes, sans utilité, n'ont jamais reçu d'exécution.

D'autres, inspirées par des nécessités momentanées, n'ont plus de raison d'être et sont tombées en désuétude.

D'autres enfin, parmi celles en vigueur, ne paraissent pas à l'abri de la critique.

---

(1) Arrêt de la Cour d'Alger du 11 décembre 1861, Arrêt de Cassation du 4 février 1863, affaire Alberjoux, annulant, en conséquence de la loi de ventôse, dans un contrat de mariage, datant de près de 30 ans, une donation contenue dans un renvoi auquel manquait le paraphe d'un des témoins.

(2) Comme exemple de la perpétuelle contradiction en Algérie, du droit et du fait, il n'est pas inutile de rappeler que le Ministre de la guerre avait été investi par l'ordonnance précitée du 28 février 1841 des droits de réglementer la profession et cependant la première réglementation postérieure à cette disposition, n'est point son œuvre et fait l'objet de l'ordonnance royale, déjà citée, du 19 octobre 1841.

Depuis longtemps les notaires et les corps électifs en Algérie demandent l'application, sous quelques modifications de détail, des lois régissant le notariat français.

Cette grave question n'entre point dans le cadre de ce travail.

Nous nous bornerons à rappeler ici :

Que d'après les articles 1, 2 et 14, les notaires d'Algérie sont nommés administrativement (3), les titulaires sortant ne pouvant présenter leurs successeurs ni traiter de leurs minutes et recouvrements (4).

Que dans les localités où il n'existe qu'un notaire en exercice, s'il est momentanément empêché, il peut être provisoirement remplacé sur l'autorisation du Procureur de la République et à la demande des partis intéressées, par le greffier de la justice de paix ou celui du tribunal de première instance. (Article 56).

Enfin, que les candidats doivent être pourvus d'un certificat de moralité et capacité délivré par une commission *ad hoc*, après vérification de nombreuses conditions exigées par les articles 5 et 6 où elles sont compendieusement énoncées, peine que le législateur eut pu s'épargner, puisqu'il ajoute dans ce même article 6 :

« *Nonobstant le refus du certificat, le Ministre restera juge des* « *titres du candidat.* »

Disposition qui ouvre la porte à l'arbitraire le plus absolu.

On ne pouvait songer à instituer des notaires dans les localités où ils n'auraient pu trouver de moyens d'existence.

L'article 57 y remédia en confiant les fonctions notariales

---

(3) D'après l'ordonnance, la nomination appartenait au Ministre de la guerre dont ressortissait alors le service de la justice.

L'arrêté du Chef du Pouvoir exécutif, du 20 août 1848, déjà cité, qui le fit passer dans les attributions de la Chancellerie, réserva les nominations au Chef du Pouvoir exécutif.

(4) La même disposition régissait le notariat des colonies. Elle y est bientôt tombée en désuétude et les titulaires présentaient leurs successeurs avec l'assentiment de l'autorité locale et du pouvoir central, jusqu'au jour où le budget de 1850 leur a formellement accordé ce droit.

En Algérie, au contraire, elle est toujours rigoureusement exécutée.

aux secrétaires des commissaires civils des localités dépourvues de notaire.

L'institution des commissaires civils, créée par arrêté de M. le Ministre de la guerre, du 18 décembre 1842, étant supprimée, il n'est pas inutile d'en rappeler ici l'organisation et le fonctionnement.

Dès qu'une ville passait du territoire militaire au territoire civil, elle était pourvue d'un commissaire civil qui remplissait à la fois les fonctions de maire, d'administrateur hierarchiquement inférieur au sous-préfet et de juge de paix ; son secrétaire, on vient de le dire, joignait à ses attributions administratives les fonctions de notaire.

Si un juge de paix était institué dans la localité, les fonctions judiciaires du commissaire civil prenaient fin.

Il perdait sa qualité de maire quand la ville devenait commune de plein exercice et restait alors avec ses seules attributions administratives.

Il en était de même de son secrétaire, lorsque sa résidence était pourvu d'un notaire.

Cette institution a été remplacée par celle des commissaires de districts ou administrateurs qui n'ont plus aucune fonction judiciaire.

Cependant, bien des localités, éloignées de tout notaire ou commissaire civil, ne possédaient aucun fonctionnaire pour dresser et recevoir les conventions entre parties.

Cette situation amena un usage abusif qui a cependant subsisté prés de trente ans.

Un arrêté de M. le Gonverneur général de l'Algérie, du 5 août 1843, avait conféré aux commandants de place en territoire militaire, les attributions judiciaires des commissaires civils et des juges de paix.

Cette juridiction supprimée depuis quelques années, a rendu de réels services, malgré le peu de compétence d'officiers, subitement et malgré eux transformés en magistrats, l'arrêté du Gouverneur avait bien pu, on le comprend, en faire des juges, mais non des jurisconsultes.

Les commandants de place était donc juges, mais, par une extension que rien ne justifie dans le texte de l'arrêté, ils prirent aussi les fonctions de notaire, qui ne sont cependant pas des fonctions judiciaires et que n'avaient ni les juges de paix, ni les commissaires civils mais seulement les secrétaires de ces derniers.

C'était une véritable usurpation et néanmoins elle se légitima, si on peut s'exprimer ainsi, et en tous cas se généralisa, par une pratique constante et incontestée pendant de longues années.

Non seulement ces actes étaient portés aux répertoires de ces officiers, visés par les fonctionnaires de l'enregistrement, mais les bureaux d'hypothèques les acceptaient généralement et opéraient les formalités qui en étaient la conséquence.

Puis des difficultés survinrent : la jurisprudence, après avoir maintenu quelques uns de ces contrats, en vînt à les considérer comme nuls et illégaux et refusa de leur appliquer le bénéfice de l'erreur commune (1).

Malgré ces décisions, quelques commandants de place continuèrent à recevoir des actes pendant que d'autres s'y refusaient.

Cette situation anormale attira l'attention du gouvernement et une circulaire du Gouverneur général mit fin, après trente ans environ, à cette pratique illégale.

Pour compléter le tableau du notariat de cette époque et fournir un exemple de l'élasticité quelquefois donnée aux textes par les pouvoirs locaux algériens, nous ajouterons qu'on a vu, au moins dans une localité, un greffier de justice de paix d'une ville non pourvue de notaire, exercer plusieurs années, les fonctions de notaire, en vertu d'une autorisation du chef du parquet de son arrondissement, agissant soi-disant en vertu de l'article 56 de l'arrêté ministériel du 30 décembre 1842, qui n'admet cependant la substitution du notaire par le greffier que momentanément et quand le notaire du lieu est légitimement empêché.

Résumant la situation du notariat algérien, nous voyons

---

(1) Arrêts de la Cour d'Alger des 21 mai 1875 et 13 juillet 1875.

d'abord ce service assuré, autant qu'il était alors possible :

Par de véritables notaires.

Et dans les localités dépourvues de notaires, soit légalement par les secrétaires des commissaires civils, soit abusivement par les commandants de place.

L'interdiction faite aux commandants de place et la suppression des commissaires civils, et, par suite, de leurs secrétaires, créa, aux localités éloignées des villes où siégeaient des notaires, une véritable mise hors la loi.

On en jugera par le tableau suivant indiquant la distance qui sépare certains centres des études de notaire les plus rapprochées.

PROVINCE D'ALGER

Fort National....	à 118 kilomètres		d'Aumale.
	à 131	—	d'Alger.
Tizi-Ouzou.......	à 92	—	d'Aumale.
	à 184	—	d'Alger.
Laghouat........	à 348	—	de Médéah.

PROVINCE DE CONSTANTINE

Aïn-Béïda.......	à 118 kilomètres		de Constantine.
Tébessa..........	à 214	—	—
Khenchela.......	à 170	—	—
	à 93	—	de Batna.
Souk-Ahras......	à 90	—	de Bône.
Biskra..........	à 115	—	de Batna.

PROVINCE D'ORAN

Saïda...........	à 173 kilomètres		d'Oran.
Tiaret..........	à 126	—	de Mascara.
	à 154	—	de Mostaganem.
Nemours	à 76	—	de Tlemcen.
	à 214	—	d'Oran.

Et pour franchir ces énormes distances, il n'existait souvent ni routes, ni services de voitures.

Cette situation ne pouvait durer.

Il était impossible d'installer dans des localités peu importantes, des notaires qu'il eut fallu doter d'un traitement sur le budget.

On songea, avec raison, à pourvoir aux nécessités des populations, en donnant aux greffiers des justices de paix éloignées, les fonctions notariales.

Des précédents existaient aux colonies, et l'article 56 de l'arrêté ministériel du 30 décembre 1842, déjà cité, autorisant la substitution momentanée du notaire par un greffier, indiquait, d'ores et déjà, ce dernier fonctionnaire pour suppléer le premier d'une manière permanente partout où il faisait défaut.

Il ne faut pas oublier, d'ailleurs, qu'à l'origine du notariat en France les secrétaires des juges faisaient, sous l'autorité de ces derniers, office de notaire (1).

Et que la séparation des fonctions notariales et judiciaires date seulement de l'ordonnance de St-Louis de 1270, spéciale à la prévôté de Paris, puis appliquée à tous les domaines royaux par l'ordonnance de Philippe-le-Bel, du mois de mars 1302 et successivement étendue à toute la France.

Ce n'est pas que la réunion de ces deux fonctions n'aît ses inconvénients.

Le greffier étant et devant être sous la direction de son juge de paix n'a pas l'indépendance désirable pour l'exercice des fonctions notariales.

Par contre, les exigences de ces fonctions peuvent ne pas toujours se concilier avec l'exact accomplissement dè ses devoirs de greffier.

Malgré tout, le seul remède à la situation était la réunion des deux titres.

Tout d'abord, un décret du 29 août 1874 créa (article 14) des greffiers-notaires en Kabylie (arrondissements judiciaires de Tizi-Ouzou et de Bougie) dans les termes suivants :

« *Dans les cantons judiciaires où il n'existe pas de notaire, les* « *greffiers de justices de paix pourront être désignés par le Garde* « *des Sceaux pour en remplir les fonctions.* »

---

(1) LOYSEAU. — *Des Offices*, — livre 2, chapitre 5.

Ce texte a sans doute le mérite de la clarté et du laconisme.

D'un seul trait de plume, il transforme des greffiers en notaires sans en exiger aucune condition d'aptitude.

Cette mesure locale fut ensuite généralisée par le décret du 18 janvier 1875 (1) avec quelques restrictions, il est vrai.

Il crée deux classes de greffiers-notaires :

Dans la section I, des greffiers exerçant la plénitude des fonctions notariales : ils doivent être pourvus du certificat de capacité exigé des notaires.

Dans la section II, des greffiers n'ayant que des attributions notariales restreintes : on ne leur demande aucune condition de stage ni de capacité.

On voit déjà l'incohérence de ces dispositions :

En Kabylie, où les Français et Européens sont en nombre insignifiant, tout greffier peut devenir notaire de plein exercice sans aucune condition.

Dans le reste de l'Algérie, où la population française et européenne est plus nombreuse, et ou, dès lors, le besoin de notaire est plus impérieux, on distingue, et, assurément on a raison.

Mais alors pourquoi ne pas faire la distinction en Kabylie ?

Nous examinerons successivement les deux sections du décret du 18 janvier 1875, compléterons cette étude par quelques observations sur le recrutement et le placement des greffiers-notaires, en général, et, après avoir indiqué les résultats pratiques de l'institution telle qu'elle existe, démontrerons l'urgence d'une réorganisation, et, enfin, terminerons notre travail par l'exposé des réformes dont elle nous paraît susceptible :

SECTION I
(ARTICLES 3 A 5 DU DÉCRET)
Des Greffiers-Notaires avec attributions complètes

Cette section ne saurait soulever de critiques.

Nous aurons seulement à examiner plus loin le placement

---

(1) Voir l'appendice.

de ces fonctionnaires et la difficulté d'en avoir en nombre suffisant, en l'état de choses.

SECTION II

(ARTICLES 6 A 10)

Des Greffiers-Notaires avec attributions restreintes.

D'après l'article 6 les actes de ces fonctionnaires ne valent « *que comme actes sous signatures privées.* »

Cette disposition, littéralement reproduite de l'article 57 de l'arrêté ministériel du 30 décembre 1842 sur les actes des Secrétaires des Commissaires civils, est fort obscure : les controverses auxquelles a donné lieu cet article étaient sans doute ignorées du rédacteur de notre décret.

En effet, si d'après deux arrêts de la Cour d'Alger, l'un du 10 février 1858, l'autre du 18 janvier 1855, ces actes, bien que ne comportant pas exécution forcée, n'en sont pas moins authentiques; un autre arrêt de la même Cour, en date du 28 février 1858, adopte la solution contraire et leur dénie toute authenticité.

Le même doute plane donc sur la portée des actes des greffiers-notaires qui procèdent d'un texte identique.

Comment doit-on l'interpréter ?

Dans le premier sens (authenticité sans voie parée) la disposition est utile et pratique ;

Dans le second (défaut d'authenticité) elle soulève les difficultés et les objections suivantes :

L'acte du greffier-notaire devra-t-il, comme les actes sousseing privés, être signé des parties ? Ce n'est pas, selon nous, soutenable : que feraient alors les illettrés et quelle nécessité d'instituer des fonctionnaires pour dresser, entre parties lettrées, des actes sous-seings privés qu'elles pourraient aussi bien dresser sans eux.

Il faut donc admettre que l'acte du greffier-notaire, même dressé entre parties ne signant, vaut comme acte sous-seings privés.

Mais quelle voie employer pour le contester, le cas échéant ?

Si, comme pour les actes sous-seings privés, il suffit de déférer à la partie qui entend user de l'acte, la preuve de la signature du contestant, comment, si ce dernier est illettré, faire vérifier une signature qui n'existe ni à l'acte incriminé, ni à aucun autre.

On ne peut admettre une aussi absurde conséquence.

Il faudra donc recourir à la voie de l'inscription de faux, et c'est, en dépit du texte du décret, donner à ces actes la force probante de l'acte authentique.

Ces déductions nous amènent forcément à dire que les actes des greffiers-notaires jouissent du bénéfice de l'authenticité, sans exécution forcée, cependant.

Le même article 6 exclut de la compétence des greffiers-notaires les actes « *dont la réception est exclusivement réservée aux notaires.* »

Ce texte manque également de clarté ; il faut entendre, supposons-nous, « *les actes pour la validité desquels la loi exige l'authenticité.* »

Mais ces actes ne sont point désignés dans les lois organiques du notariat, il faut posséder parfaitement le code civil, celui de procédure civile et diverses lois spéciales pour faire la nomenclature exacte de ces actes, réservés aux seuls notaires, défendus aux greffiers-notaires et, par conséquent, celle des actes permis à ces derniers.

N'ayant fait pour la plupart aucune étude théorique et dépourvus généralement des ouvrages spéciaux qui pourraient les guider en ce point, les greffiers-notaires savent-ils faire ces distinctions pour ne pas engager, à la fois, et leur propre responsabilité et les intérêts des justiciables ?

Comment leur faire comprendre, par exemple, qu'ils peuvent recevoir une vente et y quittancer le prix, mais que si le prix est atermoyé, ils ne doivent en recevoir la quittance ultérieure, parceque cet acte, valable en tant que quittance, ne saurait comporter la main-levée de l'inscription privilégiée qui en est l'accessoire obligé, puisqu'aucune radiation ne peut s'opérer qu'en vertu d'un acte nécessairement authentique.

L'article 7, conférant le pouvoir de recevoir toute procuration et avec toute authenticité, est un des plus utiles, ce qui compense son incorrection ; il permet aux parties, sans déplacement, de faire dresser leurs contrats authentiques chez le notaire le plus voisin, en constituant des mandataires par acte devant le greffier-notaire de leur résidence ; le plus souvent d'ailleurs, suivant l'usage, ce notaire aura fourni un modèle de procuration et dès lors, peu importe l'inexpérience du greffier recevant.

Il est à regretter cependant qu'on n'aît pas assimilé aux procurations les autorisations maritales, actes identiques aux procurations, et les consentements à mariage, actes simples, courants, nécessaires à toute famille, et qui, peu couteux de leur nature, deviennent très-onéreux en l'état de chose actuel puisque devant être authentiques, le greffier-notaire ne peut les recevoir, ce qui oblige les parties à un déplacement.

L'article 8 autorise la réception des testaments et reconnaissances d'enfant naturel, avec obligation, en cas de survie, de les réitérer dans les six mois, devant un fonctionnaire compétent.

Il y aurait beaucoup à dire sur cette disposition.

Le testament exige, dans la forme et au fond, des connaissances étendues chez son rédacteur, sa validité est subordonnée à des formalités nombreuses et il est bien à craindre que peu des testaments reçus par des greffiers-notaires, ne tiennent debout.

Mais la nécessité est là, elle seule justifie la mesure.

L'article 9, conférant au greffier-notaire le droit de dresser les inventaires et d'y représenter les absents, est un des plus obscurs :

« Le greffier pourra encore dans les cas prévus par les ar-
« ticles 928 et 942 du code de procédure civile, être désigné
« par le juge de paix pour représenter, à la levée des scellés
« ou à l'inventaire, les intéressés non présents.

« Il pourra également dresser les inventaires, conformément
« à l'article 942 du code de procédure civile ; dans ce cas
« comme dans celui où le greffier aura la plénitude des attri-
« butions notariales, le juge de paix pourra ordonner qu'il se-

« ra passé outre à l'inventaire en l'absence d'un officier public
« pour représenter les héritiers non présents, »

Le premier paragraphe suppose un notaire venant instrumenter à la résidence du greffier-notaire, et ce dernier représentant à l'inventaire, dressé par le notaire, les héritiers non présents.

Dans le second paragraphe le greffier-notaire dresse l'inventaire et personne ne représente plus les non-présents, ou plutôt il les représente lui-même.

Cette dernière disposition rend la première à peu près inutile.

Au fond, cet article soulève de bien autres difficultés.

Il ne tient aucun compte de ce qu'en Algérie, les articles 928 et 942 du code de procédure civile ne sont pas en vigueur.

En effet, l'ordonnance royale du 26 décembre 1842, institue en ce pays des curateurs aux successions vacantes, qui, dans leur circonscription, représentent et les absents proprement dits et même les non présents, en sorte qu'il n'y a pas lieu de faire commettre un notaire pour le représenter.

Qui sont saisis de la succession, même quand certains des ayants droits sont présents ou représentés, pourvu qu'un seul ne soit là;

Qui, après avoir agi à l'inventaire, gèrent la succession, l'administrent et la liquident pour compte de tous.

Si on admet que le décret n'abroge pas l'ordonnance sur les curatelles, il est sans aucune valeur en ce point, car, sauf le droit du greffier, de dresser l'inventaire au lieu et place d'un notaire, il ne peut se concilier avec des textes que l'ordonnance supprime et remplace.

Si au contraire, notre décret abroge partiellement et localement l'ordonnance du 26 décembre 1842, ce qu'il eût pu au moins exprimer formellement, quelles en sont les conséquences ?

1er Cas, — Certains héritiers sont présents, d'autres, non ;

un notaire est appelé pour dresser l'inventaire, et le greffier y représente les non-présents ; .

2° CAS. — Le greffier dresse l'inventaire à la requête des héritiers présents, personne ne représente les non-présents, autrement dit, il les représente lui-même ;

3° CAS — Le greffier dresse l'inventaire, aucun héritier n'est présent, ni représenté ; en fait, il les représente tous en même temps qu'il instrumente.

Que de complications inutiles sous prétexte de simplifier.

N'était-il pas plus simple :

Ou de le borner à dresser l'inventaire, les héritiers et le curateur présents ;

Ou de lui donner franchement tous les pouvoirs du curateur.

Quand le greffier aura dressé l'inventaire, que fera-t-il, en effet? il lui faudra appeler le curateur pour gérer et réaliser l'hoierie, le décret ne lui conférant aucun pouvoir quant à ce, bien que quelques-uns d'entre eux l'aient franchement pris et se soient érigés en véritables curateurs, en dépit du texte.

Enfin, quelle anomalie de voir un greffier réunir trois et même quatre personnes en la sienne.

Il appose et lève les scellés comme greffier ;

Il fait la prisée comme commissaire-priseur ;

Il dresse l'inventaire comme notaire ;

Et il représente les parties à ces diverses opérations.

Quelle multiplicité de fonctions sans contrôle et quel oubli de tous les principes !

L'article 10 se compose de deux parties distinctes :

La première ordonne le dépôt des minutes au greffe et impose l'observation des règlements en vigueur sur le notariat ;

La seconde attribue aux greffiers-notaires, au titre de la section II, la moitié des honoraires des notaires d'Algérie.

Nous ne voyons pas de raison à cette réduction ; pour un

travail semblable, pourquoi ne jouissent-ils pas de la même rémunération ?

Le greffier touche de l'État, dira-t-on, un traitement, et le greffe lui fournit des émoluments ;

Mais le tout est bien modique et il faut songer qu'ayant à faire face aux nécessités de l'instruction criminelle qui absorbent une grande partie de son temps et lui imposent des déplacements onéreux ; il ne jouit pas, comme les greffiers d'instance, d'un commis-greffier payé par l'État : s'il doit se faire suppléer, c'est à ses frais.

Ce même article 10 ajoute après les dispositions relatives aux honoraires du greffier-notaire :

« Il lui sera alloué les mêmes indemnités qu'en matière de « justice de paix. »

Étant encore à comprendre de quelles indemnités il s'agit, nous ne saurions approuver ni improuver cette allocation.

Nous supposons cependant qu'il s'agit des indemnités de transport pour les actes reçus hors de sa résidence.

Les dispositions des articles 2 et 11, communes aux deux sections sont, nécessaires, claires et précises et ne peuvent donner lieu à aucune discussion.

PLACEMENT DES GREFFIERS-NOTAIRES

D'après les deux décrets que nous examinons, il appartient à l'administration judiciaire de désigner ceux des greffiers-notaires qui seront autorisés à remplir les fonctions notariales, soit complétement, soit avec attributions restreintes.

Aucune règle n'est posée.

Rien ne détermine les localités qui devront être pourvues de greffiers-notaires de l'une ou de l'autre catégorie.

Tel centre en sera favorisé quand un autre aussi important pourra ne pas l'être : tout dépend du titulaire en résidence et de l'aptitude qu'on lui supposera.

On ne s'explique cette anomalie que par la difficulté de trouver des candidats capables.

Nous indiquerons, dans la dernière partie de notre travail, les moyens de trouver des titulaires à la hauteur de leurs fonctions.

OBSERVATIONS D'ENSEMBLE

La simple lecture des textes, les observations que nous venons de présenter et les résultats de l'application bien récente cependant des décrets dont il s'agit, nous autorisent à résumer ainsi les vices de l'organisation actuelle :

1º ABSENCE D'UNIFORMITÉ

Comment, en Kabylie, les greffiers-notaires ont-ils, sans conditions préalables, la plénitude des attributions notariales, et dans le reste de l'Algérie existe-t-il deux ordres de ces fonctionnaires ?

Cette classification est assurément fondée, mais alors pourquoi ne pas l'appliquer également à la Kabylie (1) ?

2º ARBITRAIRE DANS LE PLACEMENT DES DEUX CLASSES DE GREFFIERS-NOTAIRES

Une localité peut être aujourd'hui pourvue d'un greffier muni de son certificat de capacité et autorisé à faire fonctions de notaire avec plénitude d'attributions ; son successeur, s'il ne remplit pas les mêmes conditions, ne peut être autorisé qu'au titre de la section II et même ne pas l'être du tout.

Les nécessités des populations sont ainsi rejetées au second rang.

3º DÉFAUT DE PUBLICITÉ DES ARRÊTÉS MINISTÉRIELS D'AUTORISATION

Les greffiers-notaires de la section I et ceux de la section II, s'intitulent également, dans leurs actes, « greffiers-notaires » de telle sorte qu'on ignore si le greffier qui agit est réellement autorisé et à quel titre.

Toutes choses cependant indispensables pour apprécier si

---

(1) Le préambule du décret du 18 janvier 1875, paraît bien indiquer l'intention de l'appliquer à toute l'Algérie, mais le texte est loin d'être précis à cet égard.

un acte de leur ministère est ou non valable et compétemment dressé.

Nous affirmons en avoir vu, émanant d'un greffier qui n'était aucunement autorisé.

4° ABSENCE DE TOUTE CONDITION DE CAPACITÉ NI DE STAGE POUR LE GREFFIER DE LA SECTION II

En tout temps et en tout lieu on a reconnu nécessaire, pour l'exercice des délicates fonctions du notariat, et des connaissances théoriques, et un long stage.

Même en réduisant leurs attributions, comme nous le proposerons, il est indispensable d'exiger même des greffiers-notaires de cette section quelques connaissances spéciales.

5° EXTENSION D'ATTRIBUTIONS AU-DELA DE TOUTE NÉCESSITÉ ET DE TOUTE PRUDENCE

6° OBSCURITÉ SOUVENT, DÉFAUT DE PRÉCISION PRESQUE TOUJOURS, DES TEXTES QUI RÉGISSENT L'INSTITUTION

Les observations qui précèdent démontrent suffisamment, croyons-nous, le bien fondé de ces deux propositions.

Les résultats de la pratique sont plus probants encore.

Nous ne voudrions blesser en rien des fonctionnaires méritants à bien des égards, mais nous ne craignons pas de dire et prouverions, au besoin, par de nombreux exemples, que les greffiers-notaires au titre de la section ii, compromettent et leurs intérêts et ceux des justiciables qu'ils sont censés desservir :

Leurs intérêts, en encourant des amendes de contravention qui, pour certains, absorbent, et au-delà, leurs honoraires, sans parler des responsabilités qui peuvent les mener à la ruine s'ils possèdent ; en tous cas, à la perte de leur position ; le tout pour n'avoir pas su des choses qu'ils n'ont jamais apprises.

Ceux des justiciables, en les exposant, par des conventions sans nom ou mal rédigées, par des actes manquant même des conditions intrinsèques à leur validité, à des procès et à des pertes incalculables.

Si on laisse ce prétendu notariat fonctionner ainsi quelques années de plus, les intérêts de contrées importantes seront, pour longtemps, sérieusement compromis.

Les plus habiles d'entre ces quasi-notaires, comprenant leur insuffisance et hésitant en face de l'obscurité des textes, fatiguent de leurs demandes de consultation les notaires voisins, qui ont grand peine, le plus souvent, à leur indiquer le fil conducteur.

Quant à ceux qui ne savent un mot de droit ni de notariat, ils ne doutent de rien, et vont quand même, ils ne savent où.

Les tribunaux n'ont pas encore été saisis d'un très-grand nombre de difficultés sur ces actes ; les conventions ont une longue existence et les procès ne naissent souvent que de longues années après leur réception.

Mais il nous serait facile de citer des exemples nombreux d'erreurs et d'irrégularités de toute nature ; nous le croyons inutile : aucun magistrat, aucun officier ministériel d'Algérie, n'en est à les ignorer.

7° INSUFFISANCE DE LA RÉMUNÉRATION

Enfin, aucune raison n'existe pour la réduction, à moitié, des honoraires des greffiers-notaires au titre de la section II.

PROPOSITIONS

Après avoir suffisamment démontré, croyons-nous, les défectuosités de l'institution, nous passons aux solutions que nous paraît commander la situation.

Tout d'abord, l'uniformité devrait être rétablie entre la Kabylie et le reste de l'Algérie.

Nous maintiendrions la distinction des greffiers-notaires de plein exercice et de ceux à attributions restreintes.

Les premiers devraient, comme aujourd'hui, être pourvus du certificat de moralité et capacité exigé des notaires ; seuls, ils prendraient le titre de greffier-notaire et, comme par le passé, exerceraient avec plénitude d'attributions : les articles 3 à 5 du décret, clairs et bien conçus, seraient maintenus en supprimant peut-être l'obligation de déposer un supplément de cautionnement.

Les seconds auraient à subir un examen très-restreint, non point sur le droit, mais au moins sur les obligations de la profession et les conditions nécessaires à la validité intrinsèque des actes.

Pour éviter toute confusion, ils ne conserveraient que le titre de greffier, sans prendre celui de notaire qui ne leur appartient pas.

Nous maintiendrions, bien entendu, les dispositions des articles 2 et 11 du décret du 18 janvier 1875, et la première partie de l'article 10, qui assujettit les greffiers des deux sections aux règlements du notariat.

Un tableau, sujet d'ailleurs à révision et complément, déterminerait :

1º Les localités qui devraient être pourvues d'un greffier-notaire de plein exercice ;

2º Celles qui devraient l'être d'un greffier à attributions notariales restreintes.

Il n'en pourrait être institué de l'une ou de l'autre catégorie, qu'au siége des justices de paix jouissant de la compétence étendue réglée au décret du 19 août 1854, et seulement dans celles d'entr'elles où il serait jugé nécessaire.

Les justices de paix auxquelles ce décret n'a pas été appliqué, eu égard à leur rapprochement des villes, n'ont pas besoin, on le comprend, de greffiers-notaires.

Ils sont même inutiles dans celles des justices de paix dont la compétence n'a été étendue qu'à raison des nécessités de l'instruction criminelle, sur un périmètre où n'existent que des populations indigènes, ou dont la population européenne est minime, ou à portée des villes.

Il ne faut pas, en effet, multiplier sans nécessité les greffiers-notaires, surtout de la première section ; ce serait leur donner des positions souvent insuffisantes et rendre l'avancement trop lent.

Aucun greffier de l'une ou l'autre section, ne devrait dresser d'acte sans y citer son arrêté d'autorisation, en précisant, s'il lui donne la plénitude des attributions notariales ou seulement la compétence restreinte.

Comme on ne peut espérer de trouver pour les modestes fonctions de greffier à attributions notariales restreintes, des titulaires ayant des connaissances bien étendues, il nous paraît nécessaire, et dans leur intérêt et dans celui des justiciables, de restreindre leur compétence actuelle et de la mieux définir.

Leurs actes pourraient, sans obtenir l'exécution parée, être investis expressément des effets de l'authenticité.

Ils ne pourraient recevoir que les actes simples à délivrer en brevet. C'est l'expression même de la 2e partie de l'article 20 de la loi du 25 ventôse an XI, clair par lui-même et parfaitement élucidé par une longue pratique, la doctrine et la jurisprudence ; il pourrait d'ailleurs en être donné la nomenclature pour plus de précision.

Ils recevraient, en outre, toutes procurations et autorisations en minute.

Peut-être pourrait-on leur maintenir le droit de recevoir les testaments et les reconnaissances d'enfant naturel dans les conditions prévues à l'article 8 du décret, mais il faudrait les exonérer, à cet égard, de toute responsabilité.

Un notaire vieilli dans le métier ne reçoit pas un testament sans trembler ; le confier à un greffier, sans expérience notariale, peut être nécessité par les circonstances, mais on ne saurait lui en infliger la responsabilité ; il fera de son mieux, c'est tout ce qu'on doit exiger d'un fonctionnaire qui tout en sentant son insuffisance est cependant forcé de prêter son ministère.

La question des inventaires et des successions vacantes est bien délicate.

Le greffier-notaire de plein exercice a, sans conteste, le droit de recevoir des inventaires, et le greffier à attributions notariales restreintes pourrait y être autorisé, croyons-nous, toutes parties présentes.

Pas d'inconvénients bien sérieux à les laisser opérer l'un et l'autre sous l'autorisation spéciale et la surveillance du juge de paix, si quelques héritiers seulement sont présents, en l'absence des autres et du curateur.

Au cours ou en fin de l'inventaire le juge de paix déciderait si la gestion de la succession doit être confiée à l'un des héritiers présents, à un tiers qu'il désignerait ou au curateur de la circonscription, l'héritier ou le tiers désigné devant se conformer, en tous cas, aux prescriptions de l'ordonnance du 20 décembre 1842, notamment verser ses recettes à la caisse des consignations.

Mais si la succession est vacante, si aucun héritier n'est présent, n'est-il pas nécessaire, ou d'appeler le curateur de la circonscription, ou, s'il est trop éloigné, de le remplacer par un curateur spécialement désigné, pour chaque succession, par le juge de paix ?

Le greffier à attributions notariales restreintes aurait droit au surplus pour tous les actes de sa fonction aux mêmes honoraires que les notaires.

Les dispositions des articles 2 et 11 du décret seraient conservées sans modifications.

Il ne nous reste plus qu'à examiner la question du recrutement.

Le personnel ordinaire des greffiers de justice de paix suffira à l'exercice du notariat à attribution restreinte, et il serait impossible d'ailleurs, injuste au surplus, d'en changer, le cadre.

Autre est la question pour les greffiers-notaires de plein exercice.

Jusqu'ici il a été très-difficile d'en assurer le recrutement et d'en pourvoir tous les centres qui en mériteraient.

L'obtention du certificat de moralité et de capacité, condition nécessaire et à maintenir, suppose un long stage de clerc de notaire dont une au moins comme maître-clerc.

Jusqu'ici, et avec raison, les principaux clercs de notaires refusent généralement de quitter leur position pour accepter des fonctions plus dépendantes et souvent moins rémunérées que les leurs, dans des villes ou villages éloignés et sans ressources.

On trouve cependant des juges de paix, des fonctionnaires de divers ordres pour exercer leurs fonctions dans ces postes ; mais ils n'y sont que transitoirement et comptent sur l'avancement.

Tandis que le clerc de notaire, en acceptant les fonctions de greffier-notaire, entre dans une impasse d'où il ne sortira peut-être jamais, avec l'organisation actuelle.

Il en serait tout autrement, et on ne manquerait pas de sujets capables et en nombre suffisant, si on en faisait un premier échelon obligé de la carrière.

Il suffirait, réformant expressément, en ce point, l'arrêté ministériel du 30 décembre 1842, de choisir exclusivement les notaires algériens dans les greffiers-notaires d'Algérie.

En assurant ainsi le fonctionnement de la nouvelle institution, on donnerait au notariat d'Algérie un recrutement normal, équitable, et ne laissant plus de prise à l'arbitraire.

A titre transitoire, et pendant les deux premières années qui suivraient la promulgation du décret, il ne serait exigé pour la nomination au notariat aucune durée déterminée d'exercice de greffier-notaire, afin de ne pas décourager les maîtres-clercs de notaire qui ont jusqu'ici refusé avec raison d'entrer dans cette voie, où ils ne voyaient aucune certitude d'avancement.

Après ce délai on pourrait poser comme condition un exercice de deux ans comme greffier-notaire.

Mais, dès à présent, pour rendre ces dernières fonctions possibles et acceptables, il serait indispensable, dans toutes les justices de paix où serait institué un greffier-notaire, de le décharger de l'assistance à l'instruction criminelle en lui adjoignant un commis-greffier assermenté, rémunéré par l'État.

En France le juge de paix ne fait de constat et d'informations criminelles qu'exceptionnellement, pour des affaires insignifiantes et sur place ou à peu près ; aussitôt après ses premières opérations, le juge d'instruction se transporte et le relève.

Toutes autres sont les nécessités en Algérie, où les cantons sont immenses, dépourvus de routes, éloignés du siége du tribunal ; c'est pour le juge de paix une occupation constante, exigeant des transports fréquents et onéreux.

Il est impossible de demander aux greffiers-notaires de faire face à ce service.

Ils y sont assujettis actuellement, mais c'est au détriment de l'une et de l'autre de leur double fonctions de greffier et de notaire.

La dépense nécessitée par la création de ces commis-greffiers, sera peu élevée; ces modestes fonctions, qui consistent à écrire sous la dictée du juge, n'exigeant aucune connaissance spéciale, ne méritent qu'un traitement modique, et le nombre des justices de paix à pourvoir de greffiers-notaires, et dès lors de commis-greffiers pour l'instruction, est limité.

Le système que nous proposons offre bien, nous ne saurions le dissimuler, quelques difficultés au point de vue des rapports des greffiers-notaires avec leurs juges de paix,

Sortant du notariat et destiné à y rentrer, le greffier-notaire devra comprendre que dans la position transitoire qui lui est faite, s'il est indépendant du magistrat de son siége au point de vue notarial, il doit lui prêter un concours assidu et faire le service du greffe sous sa direction.

Nul doute d'ailleurs que le juge de paix ne lui facilite sa tâche en conciliant les nécessités du service judiciaire et ceux du notariat ; l'obstacle principal qu'a signalé la pratique disparaissant par la création du commis-greffier à l'instruction

Quant aux greffiers à attributions notariales restreintes, le service de ces fonctions ne pouvant donner au titulaire une expérience suffisante, ni remplacer le stage dans une étude de notaire, ne serait dans aucun cas un titre à une nomination de greffier-notaire de plein exercice, ni de notaire.

N'ayant plus en matière de notariat que des occupations très-secondaires, ils continueraient à assurer seuls le service de leur greffe, au civil et au criminel, sans qu'il y aît lieu de leur adjoindre de commis-greffier.

Nous avons démontré, croyons-nous, les vices de l'organisation actuelle et la nécessité d'une réforme, mais n'avons pas la prétention d'avoir fourni des solutions complètes et indiscutables.

La question est posée, la discussion l'éclairera et l'administration judiciaire saura la résoudre avec sa compétence et son autorité.

APPENDICE

—

DÉCRET DU 18 JANVIER 1875

—

Le Président de la République française,

Vu le paragraphe 4 de l'article 14 du décret du 29 août 1874, sur l'organisation de la justice en Kabylie, lequel est ainsi conçu :

« Dans les cantons judiciaires où il n'existera pas de notaires, les greffiers de justices de paix pourront être désignés par le Garde des Sceaux pour en remplir les fonctions. »

Attendu qu'il importe d'étendre cette disposition à toute l'Algérie et de régler, en même temps, les conditions dans lesquelles les greffiers seront autorisés à exercer les fonctions notariales ,

Sur le rapport du Garde des Sceaux, Ministre de la justice,

Décrète :

Art. 1er. — Les dispositions du paragraphe 4 de l'article 14 du décret du 29 août 1874, sont applicables à toute l'Algérie.

Art. 2. — Les greffiers de paix de l'Algérie, autorisés, par le Garde des Sceaux, à exercer les attributions notariales dans les cantons où il n'existera pas de notaire, n'exerceront que concurremment avec les notaires ayant compétence pour instrumenter dans tout l'arrondissement judiciaire dans les limites et sous les réserves et conditions ci-dessous énoncées.

SECTION PREMIÈRE

Exercice entier des fonctions notariales par les greffiers

Art. 3. — La plénitude des attributions notariales pourra être conférée aux greffiers de paix lorsqu'ils auront obtenu un certificat de capacité délivré, soit conformément à l'article 45 de la loi du 25 ventôse an XI, par la chambre de discipline des notaires de leur dernière résidence en France, soit par une commission formée au chef-lieu de chaque département de l'Algérie. Cette commission sera composée et procédera conformément à l'article 6 de l'arrêté ministériel du 30 décembre 1842.

Art. 4. — Tout greffier investi de la plénitude des attributions notariales sera soumis, outre son cautionnement de greffier, à un cautionnement supplémentaire de 1,500 fr.

La totalité des deux cautionnement demeurera affectée par privilége à la garantie des condamnations par lui encourues à l'occasion de l'exercice de ces doubles fonctions.

Avant d'entrer en fonctions, il prêtera le serment professionnel devant le juge de paix ; mais il ne sera admis à prêter le serment qu'après avoir produit le récépissé constatant le versement du supplément de son cautionnement.

Art. 5. — Il sera soumis à tous les règlements en vigueur sur le notariat

Ses actes produiront le même effet que ceux des notaires, et il aura droit aux mêmes honoraires et émoluments.

SECTION II

Exercice restreint des fonctions notariales par les greffiers

Art. 6. — Lorsque le greffier de paix ne justifiera pas de l'obtention de l'un des deux certificats de capacité énoncés en l'article 3, la plénitude des attributions notariales ne lui sera jamais dévolue.

Il pourra seulement être autorisé à recevoir et rédiger, en la forme des actes notariés, les conventions des parties qui requerront son ministère à cet effet, à l'exception des actes dont la réception est exclusivement réservée aux notaires.

Les actes ainsi rédigés ne vaudront comme écrits sous signatures privées. Néanmoins, et sauf les cas où ces actes pourraient être délivrés en brevet par les notaires, il en sera conservé minute qui restera déposée au greffe de la justice de paix.

Art. 7. — Le greffier pourra être également autorisé à recevoir et à rédiger, en la forme des actes notariés, des procurations qui auront même efficacité et authenticité, comme si elles avaient été reçues et rédigées par un notaire.

Art. 8. — Il pourra aussi être autorisé à recevoir les testaments en présence de deux témoins, et les reconnaissances d'enfants naturels dans la même forme. Néanmoins, ces testaments et reconnaissances seront nuls et non avenus, si, en cas de suivie du testateur ou de l'auteur de la reconnaissance, ils n'ont pas été renouvelés dans les six mois, avec les formalités ordinaires, devant les officiers publics compétents. Avis devra être donné de cette disposition lors de la réception de l'acte, et mention en sera faite dans ledit acte, sous peine de 100 francs d'amende contre le greffier. Cette contravention sera constatée et poursuivie en la même forme que les autre contraventions en matière de notariat.

Art. 9. Le greffier pourra encore, dans les cas prévus par les articles 928 et 942 du Code de procédure civile, être désigné par le juge de paix pour représenter, à la levée des scellés ou à l'inventaire, les intéressés non présents.

Il pourra également dresser les inventaires conformément aux articles 928 et 942 du Code de procédure civile. Dans ce cas, comme dans celui où le greffier aura la plénitude des attributions notariales le juge de paix pourra ordonner qu'il sera passé outre à l'inventaire, en l'absence d'un officier public pour représenter les intéressés non présents.

Art. 10. — Le greffier sera soumis, pour tout ce qui sera relatif à ses fonctions notariales, aux règlements en vigueur sur le notariat. Il aura droit, pour les actes par lui reçus, pour l'expédition des actes dont la minute sera déposée au greffe de la justice de paix, et pour les vacations, à la moitié des honoraires ou rétributions allouées aux notaires de l'Algérie. Il lui sera alloué les mêmes indemnités qu'en matière de justice de paix.

SECTION III

Art. 11. — Les attributions conférées aux greffiers de paix, en matière notariale, cesseront de plein droit lorsqu'un notaire sera institué dans le canton, et, en ce cas, les minutes et répertoires seront remis à cet officier public.

Art. 12. — Le garde des sceaux, ministre de la justice, est chargé de l'exécution du présent décret.

Fait à Paris, le 18 janvier 1875.

Maréchal DE MAC-MAHON,
Duc DE MAGENTA.